ILLUMINATENORDEN.

Schließt Euch mit Euren Brüdern eng zusammen.

Ist auch das Häuflein klein, der noch Getreuen,

Schürt Ihr im Herzen unentwegt die Flammen,

Wird Gott nach Kampf und Not den Sieg verleihen.

(Br. Fabricius, 1935).

Die Essener Akten der
MINERVAL-KLASSE:
Ritual und Unterricht.
(Illuminati)

ILLUMINATENORDEN
BRUDERSCHAFT DER ILLUMINATEN

Bibliografische Information der Deutschen Nationalbibliothek: Die Deutsche Nationalbibliothek verzeichnet diese Publikation in der Deutschen Nationalbibliografie; detaillierte bibliografische Daten sind im Internet über dnb.dnb.de abrufbar.

© 2022 Cornelius Rosenberg / Br. Hermes
**Schottenloge „Zur starken Wehr im Westen"
i. Or. Essen (Ruhr)**
Email: Schottenloge@Illuminatenorden.net
Web: www.Schottischer-Ritus.com

Herstellung und Verlag:
BoD – Books on Demand, Norderstedt
ISBN 9783734791635

Inhaltsverzeichnis

Wegweiser für Novizen des Illuminatenordens ... S. 7

Belehrung für Novizen. .... S. 11

Ritual-Akte Nr 1, Minerval, mit Unterricht. .... S. 17

Die Beschreibung der Ordensstufe. .... S. 19

Vorbereitungen einer Minerval-Loge. .... S. 21

Einführung der Brüder. .... S. 25

Öffnung einer Minerval-Loge. .... S. 28

Ode auf die Minerva. .... S. 35

Der Logenvortrag. .... S. 37

Der Minerval-Katechismus. .... S. 40

Der schottische Minerval-Katechismus. .... S. 45

Schließung der Minerval-Loge. .... S. 50

Die Erteilung des Grades. .... S. 52

Gelöbnis. .... S. 60

Unterweisung. .... S. 65

Das Ordenszeichen. .... S. 66

Das Kennzeichen. .... S. 69

Der Griff und die Losung. .... S. 69

Erklärung der Bilder. .... S. 70

Die Lehrlings-Gesellen-Loge. .... S. 73

Der Arbeitsteppich. .... S. 79

Fragen an den Zensor. .... S. 80

Fragen an den Kanzler. .... S. 86

Katechismus der Lehrlinge. .... S. 91

Katechismus der Gesellen. .... S. 100

Schließung. .... S. 103

Wegweiser für
NOVIZEN
des Illuminatenordens.

Als Suchender

auf dem Weg zu Wahrheit, Erkenntnis und Selbstvervollkommnung, stehst Du nun an der Pforte einer geheimen Bruderschaft. Der **Illuminatenorden** ist seit Jahrhunderten von einem Schleier des Mysteriösen und zahlreicher Mythen und Erzählungen umgeben. Diese Aura hat auf einige Menschen eine besondere Wirkung. Sie regt die Fantasie an und führt manchen in die Irre. Es ist manchmal nicht einfach, das Wahre vom Falschen zu unterscheiden. Doch es scheint ein menschliches Bedürfnis zu sein, sich faszinieren zu lassen.

Du solltest Dir keine falschen Vorstellungen von unserem Orden machen. Dir wurden die **Ordensstatuten** ausgehändigt und ein **Ordensoberer** wird Dir bereitwillig Antworten auf Deine Fragen geben. Dir sei versichert, dass der Orden <u>keinen geheimen höchsten Zweck hat</u>, außer dem, der Dir bereits aus den **Ordensstatuten** bekannt ist.

Am Anfang des Weges zum Innersten des Ordens, wurde der Kandidat auf die Probe gestellt, damit sich niemand in den Orden einschleicht, der ihm nicht würdig ist. Diese **Probezeit** wurde **Noviziat** genannt. Sobald diese begann, galt der Kandidat als **Novize**. Heute wird diese Stufe nicht mehr als Probe, sondern als **Vertrauensstufe** erteilt. Die Geschichte unseres Ordens hat gezeigt, dass nur durch <u>wahrhaftes</u>

<u>Vertrauen</u> der Weg zum Licht möglich ist. Doch wer sich auf den Weg zum Licht begibt, ist zuerst von Dunkelheit umgeben. Der **Illuminatenorden** lehrt, dass das Licht nicht im äußeren Schein zu finden ist, sondern im eigenen Inneren. Deshalb nennen wir uns **Illuminaten**, Erleuchtete, weil wir danach streben, <u>selbst zu einem Licht in der Dunkelheit zu werden</u>. Sich selbst zu erleuchten, das innere Licht zu entzünden und auszubreiten, ist der Weg und <u>das höchste Mysterium eines Illuminaten</u>.

Nun haben wir Dir bereits an der äußeren Pforte unseres Ordens seine größten Geheimnisse verraten. Mehr gibt es nicht! Wenn Dir das nicht genügt, kehre um. Ansonsten, tritt ein.

Belehrung für NOVIZEN.

Es gibt viele Wahrheiten, heilige Wahrheiten, wissenschaftliche Wahrheiten, die dem Menschen über die Welt, sich selbst, seine Natur, die Geschichte und Zukunft, Aufschluss geben sollen. Alle diese Wahrheiten sind erst einmal Momentaufnahmen. Die Geschichte hat uns gelehrt: *Was vormals noch als unumstößliche Wahrheit galt, ist heute als Irrtum aufgedeckt. Was heute als Irrtum gilt, kann zukünftig als Wahrheit erkannt werden.* Jeder kluge Mensch, der nicht blind durch die Welt geht, wird in seinem inneren hier und da Zweifel spüren an dem, was als Wahrheit und was als Irrtum bezeichnet wird. Bedauerlicherweise hat uns die Erfahrung gezeigt, dass zuweilen selbst ein erkannter Irrtum weiter als Wahrheit gilt, oder eine Wahrheit als Irrtum, oder, **dass Wahrheit und Irrtum sich vertauschen können**, wenn es einem besonderen Zweck oder Interesse nützlich ist. In dieser Anschauung war der Illuminatenorden seiner Zeit weit voraus und zur Zielscheibe von denjenigen geworden, die aus eigenem Vorteil und Nutzen bestimmen konnten, was Wahrheit und was Irrtum ist.

Es gab, und es wird immer Menschen geben, die sich durch den Illuminatenorden bedroht fühlen. Deshalb hat sich der Orden eine bestimmte Form und Struktur gegeben, die sich durch die Jahrhunderte bewährt hat und selbst durch Verbot und die ärgste Verfolgung nicht zerstört werden konnte. Das ist ein Beweis für die Wahrhaftigkeit des Ordens, der allen Anfeindungen, Kriegen, gesellschaftlichen und politischen Umwälzungen, widerstanden hat.

Der Orden hatte erkannt, dass Leidenschaften, gesteuerte Bildung, die gesellschaftlichen Verhältnisse und viele andere Dinge die meisten Menschen daran hindern, sich mit den Wahrheiten und Irrtümern in der Welt zu beschäftigen. Kurz gesagt: Sie daran hindern, sich selbst Aufzuklären. Ein aufgeklärter Geist ist jedoch die Grundvoraussetzung für eine mündige Persönlichkeit. Dazu ist der eigene Forschungsdrang unumgänglich. Wir können nicht von jedem Menschen erwarten, sich diesen Aufgaben zu stellen. Deshalb gibt es Illuminaten, Erleuchtete, Wahrheitssucher, die bereit sind, anderen eine Leuchte zu sein, die selbst dazu nicht imstande sind. Das ist eine sehr hohe Aufgabe der wir uns bereitwillig stellen. Oft ist der Preis dafür Undank, den wir bereit sein müssen zu erdulden. Dabei darf nicht das persönliche Ego im Weg stehen, sondern der Blick auf das Höhere gerichtet sein.

Der Illuminatenorden unterscheidet sich in vielen Punkten von anderen Einrichtungen. Er widmet sich nicht nur den wohlgefälligen Wahrheiten, die mit ihrer Leichtigkeit das Herz erheben, sondern auch denen, die unbequem sind. Das Licht tritt aus der Dunkelheit hervor und erhellt sie. Wo Licht ist, ist keine Dunkelheit. Doch da, wo sich das Licht entfernt, kehrt die Dunkelheit zurück. Eine unbequeme Erkenntnis hieraus ist, dass die Dunkelheit nie verschwindet. Sie ist ein Grundzustand. Erst durch die Anwesenheit von Licht, indem das Licht geboren wird und sich ausbreitet, verliert die Dunkelheit ihren Einfluss. Deshalb sind Illuminaten nicht nur Träger des Lichtes, die es ausbreiten, sondern auch dessen Hüter und Bewahrer.

Die Mehrheit der Menschen hat durch die Zeiten hindurch vergessen, dass sie zu einer gemeinsamen Menschheitsfamilie gehören. Die Einsicht und Weisheit in diese Wahrheit wurde immer weniger. Glaubens- und Gesellschaftsordnungen, Politik, Kultur, Wohlstand, haben die Menschheitsfamilie auseinandergerissen. Letztlich wurde diese Wahrheit zu einem weitestgehend vergessenen Wissen, das durch wenige Eingeweihte aufrechterhalten und überliefert wurde. Um diese Wahrheit aus dem Vergessen zu rufen, hüllten die Eingeweihten sie in ein für das Zeitalter passendes Gewand. Sie vergaßen nie, dass sie nicht nur leben um selbst glücklich zu sein, den eigenen Vorteil zu suchen und sich gegen andere zu behaupten, sondern auch ihren Mitmenschen, ihrer Menschheitsfamilie gegenüber nützlich zu sein. Unter allen Weisheitsschulen hat der Orden der Illuminaten immer eine eigentümliche Stellung eingenommen. Daraus fühlten sich immer wieder Menschen berufen, über die Absichten und Hintergründe unserer Gesellschaft Spekulationen anzustellen und schraken auch nicht vor Unterstellungen und Verleumdungen zurück. Daran hat sich durch die Jahrhunderte nichts geändert. Der Illuminatenorden wird hieran nichts ändern können und wendet auch keine unnötige Kraft auf, den Unbelehrbaren zu belehren. Jeder kluge Mensch wird durch eigenes nachdenken zu dem Entschluss kommen, dass ein Urteil über etwas, zu dem wesentliche Einblicke fehlen, oder das nicht vollständig begriffen wurde, gar nicht möglich ist.

Eine Besonderheit und ein für viele nur schwer zu durchschauender Umstand ist die Verbindung zwischen dem Illuminatenorden und der Bruderschaft der Freimaurer. Es ist eine der Aufgaben des Illuminatenordens, das innere Heiligtum der Freimaurer zu bewahren, zu beschützen, und es dem Suchenden zugänglich zu machen. Adam Weishaupt, der Stifter unseres Ordens, war zuerst Freimaurer als ihm bald klar wurde, dass die Freimaurer-Logen nicht dazu imstande waren, ihr Potential auszuschöpfen, obwohl sie so viel bewirken könnten. Hieraus wurde in ihm der Eifer geweckt, den Schutt beiseite zu räumen, den Weg frei zu machen und das zerfallene Gebäude wieder aufzubauen. Seither arbeiten die Illuminaten daran, das Entweihte wiederherzustellen.

Adam Weishaupt erklärte hierzu, dass dem Orden Männer angehören: *die in mehr als in einer Weisheitsschule gebildet worden sind, Männer, die an der Spitze aller geheimen Gesellschaften, und aller Freimaurersysteme Leute aus ihrem Zirkel haben, und also zuverlässig wissen, was gut, echt und nützlich, oder nicht ist. Aber sie verlangen nicht, dass man dies auf ihr Wort glauben soll, sondern nur dass man sie nach ihrer äußeren Einrichtung, nach ihrer Wirkung auf die Welt beurteilen soll. Handeln ist also ihr erster Zweck, die Welt besser und klüger zu machen. - Man soll ganz vergessen, dass sie Geheimnisse haben, und nur darauf sehen, was sie für das Wohl der Menschheit im Allgemeinen tun. Alle Wissenschaften und alle wesentlichen Einrichtungen bedürfen einer Reform, aber eine solche Hauptreform darf nicht öffentlich und kann nicht schnell vorgenommen werden: Es muss auch keine Reform sein, die mehr einreißt als aufbaut; aber sie muss allgemein sein, alles umfassen, sich nicht mit theoretischen Spekulationen, sondern mit werktätigen Anstalten beschäftigen, <u>die Menschen wieder zu ihrer ursprünglichen Würde zu erheben</u>.*

Ritual-Akte Nr. 1
MINERVAL
mit Unterricht.

Die Beschreibung der ORDENSSTUFE.

Die Ordensstufe der *Schüler der Weisheit,* oder *Minervale,* gehört zu den ältesten Graden des Illuminatenordens. Sie stammt noch aus der Zeit, als der Illuminatenorden ein reiner studentischer Geheimbund war. Die Logen dieser Ordensklasse hießen *Minervalkirche.* Das Emblem dieses Grades ist eine Eule, die über Wolken auf einem geöffneten Buch sitzt. Das Emblem ist von einem Lorbeerkranz umgeben. Es bedeutet, dass allem Wissen Weisheit zugrunde liegen sollte. Das geöffnete Buch ist die Bibel. Heute steht es jedoch für das symbolische heilige Buch des persönlichen Glaubens, wie es die *Alten Pflichten von 1723* fordern. In diesem Sinne fordert der Illuminatenorden dazu auf, seinen persönlichen Glauben auf Weisheit zu gründen. Damit stellt sich der Illuminatenorden gegen Aberglauben, religiöse Dogmen und Fanatismus, wodurch Menschen in die Irre geführt oder zu Werkzeugen einer Ideologie gemacht werden. Unter *Minervalkirche* ist also eine symbolische *Kirche* der Weisheit zu verstehen, in der <u>Toleranz</u> und <u>Wahrheitssuche</u> die Grundpfeiler bilden.

Der Name *Minerval* ist von der griechischen Göttin Minerva hergeleitet. Sie galt den alten Griechen als Göttin der Weisheit und der Baukunst. Die Inhaber dieses Grades heißen deshalb *Minervalen* oder *Schüler der Weisheit,* die durch das symbolische Handwerk der *höheren Maurerei*, der Suche nach Wahrheit, Weisheit und Erkenntnis, die symbolische *vollendete Pyramide* errichtet haben. Um dies zu erreichen, muss sich der *Minerval* in der symbolischen *Baukunst* ausbilden; lernen, die verschiedenen Methoden zu kennen, zu deuten, und anzuwenden, sowie das Wahrhafte von den Irrungen zu unterscheiden und ein *erleuchteter Freimaurer* (Freimaurer-Illuminat) zu werden. Deshalb wird eine *Minervalkirche* auch *Minerval-Loge* genannt, weil es die Arbeitsstätte *erleuchteter Freimaurer* ist. Sie darf aus nicht weniger als 2 und nicht mehr als 11 Teilnehmern bestehen.

Hinweis: §3 Abs. 7. Wenn sich Johannis-Freimaurer zu einer Minerval-Versammlung zusammenschließen, heißt diese Versammlung Minerval-Loge. Sie dient der allgemeinen Vertiefung freimaurerischen Wissens und Brauchtums.

Vorbereitungen einer Minerval-Loge.

Bevor die Ordensstufe erteilt wird, sind dem Kandidaten ein Blatt mit der **Beschreibung der Ordensstufe** und den **vier Fragen**, sowie das **Gelöbnis**, einige Tage vorher auszuhändigen. Der Kandidat soll ausreichend Zeit und Gelegenheit haben, um sich über seinen Schritt Gedanken zu machen. Die beantworteten Fragen und das unterschriebene Gelöbnis werden von dem Kandidaten direkt an die Kanzlei des Ordens geschickt. Nach Prüfung erhält der zuständige Obere die Nachricht über die Bestätigung oder Zurückstellung der Erteilung des Grades. Falls noch Umstände geklärt werden müssen, soll dies in angemessener Zeit geschehen.

Die vier Fragen:

1. Frage: Welchen Endzweck wünschen Sie sich für den Orden?

2. Frage: Mit welchen Mitteln möchten Sie diesen Endzweck verwirklichen?

3. Frage: Was wünschen Sie sich im Orden nicht vorzufinden?

4. Frage: Welche Personen wünschen Sie nicht im Orden anzutreffen?

Bei der Erteilung des Grades muss der Kandidat noch einmal die Gelegenheit haben, sich innerlich vorzubereiten und seinen Schritt zu überdenken. Dazu wird er in ein dunkles Zimmer gebracht. In dem Zimmer befinden sich ein mit schwarzem Stoff behangener Tisch, ein Stuhl, ein Spiegel - über dem ein Transparent mit der Aufschrift *Erkenne dich selbst* angebracht ist; außerdem eine einzelne brennende Kerze, die Darstellung einer Eule, es kann ein Bild oder eine Skulptur sein, eine geschlossene Bibel, oder verschiedene Glaubens- und Weisheitsbücher. Ihm werden noch einmal die vier Fragen und seine Antworten vorgelesen und gefragt:

Oberer: *Wenn Sie heute die Gelegenheit hätten, diese Fragen erneut zu beantworten, würde Ihr Urteil anders ausfallen?*

— Der Kandidat antwortet.

Sollte die Antwort „Ja" lauten, dann bekommt er die Gelegenheit, die Fragen erneut zu beantworten. Wenn die Antworten nichts enthalten, was eine Zurückstellung der Erteilung des Grades fordern würde, findet die Aufnahme statt. Ansonsten wird die Erteilung des Grades zurückgestellt. <u>Die neuen Antworten werden auf jeden Fall vom Oberen an die Kanzlei des Ordens geschickt.</u>

Wenn alles in Ordnung ist, fährt der Obere fort:

Oberer: *Ist es noch immer Ihr Entschluss, die Ordensstufe der Schüler der Weisheit erteilt zu bekommen?*

— Der Kandidat antwortet.

Der Obere unterweist den Kandidaten:

Oberer: *Ich lasse Sie nun allein. Nutzen Sie die Zeit, um sich innerlich vorzubereiten.*

Wenn alles vorbereitet ist, und der Kandidat bereit, den Grad erteilt zu bekommen, verbindet der Obere dem Kandidaten die Augen und sagt:

Oberer: *Lux ex tenebris - Das Licht wird aus der Dunkelheit geboren.*

Dann führt er den Kandidaten in das Logenzimmer, um die Erteilung des Grades durchzuführen.

Das Logenzimmer der Minerval-Loge ist in den Farben desjenigen Grades, in dem hauptsächlich gearbeitet wird. Findet die Erteilung des Grades in einer Freimaurer-Loge statt, dann richtet sich die Farbe des Tempels nach dem Grad des Kandidaten, den er in der Johannis-Freimaurerei erlangt hat. Die Aufnahme sollte mit nicht mehr als höchstens drei Ordensbrüdern durchgeführt werden. Je enger und geringer der Kreis bei der Aufnahme, umso besser.

Die Aufnahme soll in aller Bescheidenheit erfolgen, ohne unnötige Spielerei.

Die Einrichtung des Logenzimmers kann den örtlichen Begebenheiten angepasst werden. Die Loge ist, wenn möglich, mit einigen Sternen verziert. In der Mitte des Logenzimmers liegt der Tapis mit der Pyramide. Links und rechts davon befinden sich die Reihen der Ordensbrüder. Am westlichen Ende der Loge ist der Platz des Referenten. Im Osten ist der Platz des Oberen, links von ihm, im Süd-Osten, ist der Kanzlei-Tisch. Neben dem Oberen, zur Rechten, steht ein leerer Stuhl.

Hinter dem Oberen ist das Bild der Pallas angebracht. Links und rechts davon stehen zwei Säulen mit farbigen Kerzen. Im Nord-Osten der Loge steht das Ordensbanner. Es ist der Ort in der Loge, an dem sich das aufgehende Licht und die Dunkelheit scheiden.

Auf dem Tisch des Oberen befindet sich, auf einem oder mehreren Büchern sitzend, die Eule der Minerva; daneben eine einzelne Kerze, das weiße Licht (verdeckt) oder eine Schale mit Blendwolle. In einer Freimaurer-Loge kann für die Schläge ein Logenhammer verwendet werden, oder in einem Kapitel, der Knauf eines Schwertes. Viel besser ist es aber, und das sollte allem anderen vorgezogen werden, wenn der Obere einen alten großen und schweren Schlüssel gebraucht. Das ist die alte und hergebrachte Art, womit die Schläge gemacht werden.

Auf dem Kanzlei-Tisch steht eine einzelne Kerze. Hinzu kommen: die Utensilien des Sekretärs, Schreibgerät, Siegel und Stempel, sowie eine Kiste mit den Ordensabzeichen.

Anfangs wird die Loge nur von den drei einzelnen Lichtern erleuchtet: Dem Licht auf dem Tisch des Oberen, dem Licht auf dem Kanzlei-Tisch, und dem Licht auf dem Pult des Redners. Ferner ist darauf zu achten, dass in der Minerval-Loge nur der Obere den *hohen Hut* trägt.

Einführung der Brüder

Die Ordensbrüder versammeln sich vor Beginn der Loge in einem gesonderten Raum und warten darauf, dass der Obere durch ein Zeichen jeden einzeln, nacheinander, in die Loge ruft. Sollten es die räumlichen Umstände erfordern, dass sich alle Ordensbrüder bereits zu Beginn im Logenzimmer befinden, z.B. weil es nur einen Raum gibt, stören sie nicht die Vorbereitungen und verhalten sich nach den Anweisungen des Oberen, oder des durch ihn beauftragten Bruders.

Wenn alles vorbereitet ist, und die Beamten ihre Plätze eingenommen haben, macht der Obere zwei Schläge: O – O, und beauftragt den Zensor:

Oberer: *Bruder Zensor! Berichte den Ordensbrüdern, dass die Stunde unserer Arbeit gekommen ist und lass jeden, einzeln, auf die übliche Art eintreten.*

Darauf begibt sich der Zensor zu den wartenden Ordensbrüdern und sagt:

Zensor: *Liebe Brüder! Die Stunde unserer Arbeit ruft uns.*

Der Zensor tritt vor die Pyramide und beantwortet mit seinem Stab die Schläge des Oberen: O – O.

Der Obere wiederholt die Schläge: O – O.

Auf dieses Zeichen treten die Ordensbrüder der Reihe nach, einzeln, vor die Pyramide:

> (<u>Der Ordensbruder</u> tritt vor den Teppich, verbeugt sich vor der Pyramide und macht das Blendzeichen gegen den Oberen. Darauf nimmt der Kanzler das Ordensabzeichen aus

der Kiste, tritt neben den Ordensbruder und übergibt es ihm, der es sodann anlegt und seinen Platz einnimmt. Dies geschieht, bis alle Ordensbrüder ihre Plätze eingenommen haben.

Wenn sich die Ordensbrüder bereits im Logenzimmer befinden, wenden sie, nach den zwei Schlägen des Zensors, ihren Blick von der Loge ab und stehen mit dem Rücken zu ihr, so, dass niemand etwas von dem sieht, was dort vorgenommen wird.

An dem Kanzlei-Tisch sitzen links der Questor, daneben, der Sekretär und der Kanzler. Wenn die Minerval-Loge nur einen Kanzler hat, übernimmt dieser auch die Aufgaben des Questors und teilt sich mit dem Oberen die Aufgaben des Sekretärs. Der Zensor nimmt am Anfang der südlichen Reihe seinen Platz ein. Wenn die Minerval-Loge keinen Zensor hat, übernimmt der Kanzler auch diese Position, bleibt jedoch am Kanzlei-Tisch.

Sobald alles bereit ist, sagt der Zensor:

Zensor: *Erlauchter Oberer, die Schüler der Weisheit sind bereit das Licht des Ordens zu empfangen und es in der Welt auszubreiten.*

Oberer: *Bruder Zensor! Auf welche Art soll ein Schüler der Weisheit das Licht des Ordens empfangen?*

Zensor: *Auf sicherem Wege, im Verborgenen.*

Oberer: *Dann sieh nach, ob die Loge gesichert ist.*

Der Zensor verschließt darauf alle Zugänge und antwortet dem Oberen:

Zensor: *Wir sind in Sicherheit.*

(Musik.)

Öffnung einer Minerval-Loge

Der Obere erhebt sich, grüßt die Brüder - (Wenn die Loge mit hohem Hut arbeitet, grüßt der Erlauchte auf hergebrachte Art, indem er den Hut abnimmt und ihn bis vor die Brust herunter führt. Danach bedeckt er sich wieder) - und setzt sich.

Oberer: *Bruder Zensor, ist die Versammlung gedeckt?*

Der Zensor tritt vor die Pyramide, macht eine kurze Verbeugung und das Blendzeichen, dann untersucht er noch einmal die Eingänge und tritt wieder vor die Pyramide. Nach kurzer Verbeugung und dem Blendzeichen antwortet er dem Erlauchten:

Zensor: *Erlauchter Oberer, die Eingänge sind verschlossen, die Versammlung ist gedeckt.*

Oberer: *Bruder Zensor, da die Eingänge verschlossen sind und die Versammlung von außen gedeckt ist, verrichte nun dein Amt und sieh nach, ob hier nur berechtigte Söhne des Lichts anwesend sind. Es darf kein Sohn der Finsternis diesen geweihten Ort des Friedens entweihen. Entfernt alle Profanen!*

Der Zensor geht zum Bruder Questor, verbeugt sich, macht das Blendzeichen und lässt sich von ihm sodann die Losung geben.

Dasselbe macht der Zensor beim Sekretär und beim Kanzler. Stimmen die genannten Losungen überein, prüft er der Reihe nach die übrigen Brüder. Wenn etwas vorliegt, was die weitere Durchführung der Arbeit hindert, oder die Sicherheit gefährdet ist, geben der Sekretär oder der Kanzler eine andere Losung. Ist dies der Fall, darf die Arbeit nicht fortgesetzt werden, bis Klärung erfolgt ist.

Haben die versammelten Ordensbrüder die richtige Losung gegeben, tritt der Zensor auf die übliche Art vor die Pyramide und sagt:

Zensor: *Erlauchter Oberer, die versammelten Ordensbrüder haben die Losung. Es ist kein Sohn der Finsternis unter uns. Wir sind in Sicherheit.*

Der Obere erhebt sich, verbeugt sich und macht das Blendzeichen. Dann sagt er zum Zensor:

(**Oberer:** *Wo scheint das größte Licht?*
Der Zensor antwortet: - *Antwort.*
Oberer: *Wer sieht es am hellsten?*
Der Zensor antwortet: - *Antwort*)

Oberer: *Die Versammlung ist in Sicherheit! Es ist kein Sohn der Finsternis unter uns! Erhebt euch, meine Brüder!*

<u>Alle Ordensbrüder</u> erheben sich und treten ins Zeichen.

Oberer: *Ihr wollt das Licht sehen, doch die Augen sind schwach. Wer das Licht sehen will, dessen Herz, Verstand, Gedanken, Worte und Taten seien rein. Deshalb richtet euch nach den heiligen Satzungen unseres Ordens.*

Bruder Zensor, hast Du eine Klage gegen die anwesenden Ordensbrüder vorzubringen?

— Der Zensor anwortet.

Oberer: *Hat irgendein Ordensbruder eine Klage gegen einen anderen hier anwesenden Ordensbruder vorzutragen? Oder befindet sich in Zwie-*

tracht? Dann möge er sich zu erkennen geben und die Klage vorbringen, oder in diesem Moment alles verzeihen und in seinem Herzen Frieden schließen!

    a) **Sollte eine Klage vorgebracht werden**, so ist diese zu klären, bevor die Arbeit fortge-setzt wird. Ist es nicht möglich, die Angelegenheit in Frieden zu schließen, oder würde dies zu viel Zeit in Anspruch nehmen, so haben sich alle an der Klage beteiligten Ordensbrüder zu entfernen, bis jeder für sich Frieden geschlossen hat.

    b) **Sollte der Obere selbst Gegenstand der Klage sein**, übernimmt der Kanzler für die übrige Zeit dessen Platz.

Gibt es keine Klage, sagt der Zensor:

Zensor: *Alles ist gerecht!*

Der Obere antwortet darauf:

Oberer: *Da alles gerecht ist, und die versammelten Ordensbrüder untereinander in Frieden sind, öffne ich* *diese Minerval-Loge auf althergebrachte Art, mit den Schlägen der Minervalen!*

Der Obere macht zwei Schläge: O – O.

Oberer: *Bruder Questor! Da die Brüder reinen Herzens sind, sorge dafür, dass sich die versammelten Ordensbrüder der Armen und Notleidenden erbarmen.*

Der Questor steht auf, nimmt die Almosenbüchse, und hält sie mit einer Verbeugung dem Oberen vor, mit den Worten: *Erbarmt euch der Armen und Notleidenden!*

Daraufhin gibt der Obere seinen Teil in die Büchse. Die Öffnung der Büchse wird dabei mit einer Hand so verdeckt, dass niemand sieht, welcher Betrag gespendet wird. Jeder gibt so viel wie er imstande ist zu geben, ohne selbst dadurch in Not zu geraten.

Nachdem der Obere seinen Teil gegeben hat, spricht der Questor zu allen Ordensbrüdern:

Questor: *Erbarmt euch der Armen und Notleidenden!*

Darauf geht er die versammelten Ordensbrüder der Reihe nach ab und sammelt die Gaben. Zum Schluss gibt er selbst seinen Teil in die Büchse.

Wenn das *Werk der Menschenliebe* vollbracht ist, entzündet der Obere die beiden Lichter links und rechts von dem Bild der Palles und spricht dabei:

Oberer: *Toleranz und Wahrheitssuche sind die Grundpfeiler der Kirche der Weisheit.*

Dann geht er wieder an seinen Platz und setzt sich.

Oberer: *Philosophia non in verbis, sed in rebus est.*

> **Hinweis:** Übersetzung des Lateinischen: *Die Philosophie lehrt tun, nicht reden.* Dieses Zitat geht auf Seneca zurück.

Darauf macht er die zwei Schläge der Minervalen: O – O.

Die Brüder setzen sich und ein zuvor bestimmter Bruder liest die Ode auf die Minerva.

Ode auf die Minerva
(Kurzform)

Der Nacht getreuer Vogel schwirrt
Nun endlich da dunkel wird,
Es seufzt die düstre Luft,
Ich höre, folgsam hör ich dich,
Minervens Liebling, der auch mich
Zum Sitz der Weisheit ruft.

O Pallas, Göttin jeder Kunst,
Quell meiner Freuden, deren Gunst,
Uns bessert und vergnügt;
Die an erhabener Schönheit reich,
Bewundert und beliebt zugleich
Die Sterblichen besiegt.

Mit stillem Geist fleh ich zu Dir
Und nicht von stürmender Begier,
Keucht Deines Dieners Brust;

Der Thoren eitle Wünsche flieht
Mein dir gehorchendes Gemüt
Und seufzt nach beßrer Lust.

Von Missgunst, Unruh, Müh & Streit
Den Plagen unsrer Pilgrimszeit,
Flieh ich Dir freudig zu;
Zum nächtlich stillen Aufenthalt,
Wo Platons heiliger Schatten wallt,
Unsterblich schön wie Du.

Es flieht bei ihrem hellen Blick
Der Torheit flücht´ges Schatten-
glück,
Manch farbiges Luftgesicht;
Sie sieht, trotz seiner Mummerei,
Dass alles, alles eitel sei,
Allein die Tugend nicht.

Der Bruder nimmt wieder seinen Platz ein.

    (Musik.)

Der Logenvortrag

In alten Zeiten wurden an dieser Stelle zuerst die allgemeinen Ordensstatuten, und dann die des Grades verlesen, oder auszugsweise nach aktuellem Anlass zitiert. Heute erachtet es der Orden nicht als notwendig, die Ordensbrüder bei jeder Versammlung an die Statuten zu erinnern, sondern es dem Oberen zu überlassen, nach seiner Erfahrung und Notwendigkeit zu verfahren.

> <u>Hinweis:</u> Es kann aus der Konstitution gelesen werden.

<u>Oberer:</u> *Die Statuten unserer weisen Stifter verbinden uns, liebe Brüder, in unseren Versammlungen unseren Geist zu bessern und zu erleuchten. Hört also erst die Lehren der Weisheit!*

Hierauf liest der Obere eine Stelle aus der Bibel oder einem anderen Glaubensbuch, oder auch einer philosophischen Schrift, wenn diese geeignet ist. Die Stelle soll auf die Besserung des Herzens, des Charakters, oder eine Belehrung zur Vervollkommnung zum Inhalt haben. - Den Brüdern wird daraufhin Gelegenheit gelassen, die Worte der Weisheit in sich wirken zu lassen.

    (kurze Musik.)

Danach wird der Logenvortrag eines Ordensbruders gehalten:

Oberer: *Unser Geist wurde von dem Geist der Alten genährt. Lasst uns nun unseren Geist durch den Geist der Unseren nähren. Ich bitte nun den gewählten Bruder unseren Geist zu erhellen.*

Darauf hält ein Bruder einen Logenvortrag. Dieser darf nach alter Regel keine Schmeicheleien oder Lobesreden enthalten, sondern soll praktisch sein und dem Auftrag des Ordens entsprechen. - Wenn der Logenvortrag beendet ist, sagt der Obere:

Oberer: *Liebe Brüder! In meinen Augen, in meinem Geiste wird es heller; könnt ihr auch, so wie ich, das Licht sehen?*

Alle Ordensbrüder treten ins Zeichen.

- Der Obere zeigt den Brüdern das Licht und spricht:

Oberer: *Eure Augen sehen heller, euer Geist ist heiterer; ihr seid dem Licht einen Schritt näherge-kommen; aber ganz ist die Finsternis der Unwissenheit noch nicht von euch gewichen.*

Vor der Schließung einer Minerval-Loge werden der Katechismus und das Protokoll verlesen.

Die Mindestanforderungen an das Protokoll sind:

1) Ort, Datum und Zeit der Versammlung,
2) die Ordensnamen der anwesenden Brüder,
3) ob es Klagen gab,
4) Welche Vorträge gehalten wurden.

Die gehaltenen Vorträge sind dem Protokoll beizufügen. Die Unterlagen sind vom Oberen innerhalb einer Woche der Kanzlei des Ordens zuzusenden.

(**Hinweis:** Während der Versammlung sind ausschweifende Diskussionen zu unterlassen. Es sollen nur förderliche Gespräche geführt und auf keinen Fall Banalitäten ausgetaucht werden.)

Der Minerval-Katechismus

Frage: *Mein Bruder! Wie heißt Du?*

Antw.: *Minerval.*

Frage: *Wer hat Dir diesen Namen gegeben?*

Antw.: *Ein Bevollmächtigter des erlauchten Ordens.*

Frage.: *Wie war sein Name?*

Antw.: *Illuminatus minor.*

Frage: *Wo hast Du den Namen erhalten?*

Antw.: *An einem geheimen Ort.*

Frage: *Auf welche Art hast Du den Namen erhalten?*

Antw.: *Ich wurde in ein dunkles Zimmer gebracht. Dort fand ich bei schwachem Licht die Bibel oder andere Glaubensbücher, und den Vogel der Minerva. In einem Spiegel erblicke ich mich selbst. Auf einem Transparent las ich die Worte: Erkenne dich selbst.*

Frage: *Was geschah als Nächstes?*

Antw.: *Ich überdachte meine Vorstellungen und Gesinnungen, worauf es um mich dunkel wurde und ich bemerkte, dass ich mich in Finsternis befand.*

Frage: *Was fühltest Du, als Dir die Finsternis bewusst wurde?*

Antw.: *Das Verlangen, sie zu vertreiben und zum Licht zu finden.*

Frage: *Wie fandest Du zum Licht?*

Antw.: *Durch den erlauchten Orden.*

Frage: *Wie hast Du den erlauchten Orden betreten?*

Antw.: *Indem ich einen Eid leistete, zuerst auf einem menschlichen Schädel, dann auf die Bibel.*

Frage: *Warum auf einen menschlichen Schädel?*

Antw.: *Als Erinnerung an die Schande und Vorwürfe meines Herzens, sollte ich jemals zum Verräter oder meineidig werden.*

Frage: *Warum auf die Bibel?*

Antw.: *Weil in ihr die moralischen Grundsätze unseres erlauchten Ordens verankert sind.*

Frage: *Was sahst Du, als Du zum Licht gebracht wurdest?*

Antw.: *Eine Pyramide, das Sinnbild der Beständigkeit.*

Frage: *Was stellt sie dar?*

Antw.: *Den erlauchten Orden selbst.*

Frage: *Was sahst Du noch?*

Antw.: *Den Vogel der Minerva, mit einem Helm, Schild, und einem Speer, der das Haupt der Medusa niedertritt.*

Frage: *Was hat dieses Bild zu bedeuten?*

Antw.: *Dass Weisheit über Irrtum und Aberglauben siegt.*

Frage: *Wodurch wird der Sieg errungen?*

Antw.: *Durch die Ausbreitung des Lichts.*

Frage: *Was ist dazu nötig?*

Antw.: *Mündigkeit.*

Frage: *Wodurch wird sie erreicht?*

Antw.: *Durch allgemeine Aufklärung und Schulung des Geistes.*

Hinweis für Obere: Der Minerval-Katechismus wird im Wechselgespräch vor dem Ende jeder Minerval-Versammlung vorgelesen. Zusätzlich kann auch (auszugsweise) der alte Katechismus von 1930 verlesen werden. In diesem Fall spricht der Obere:

Oberer: *Mein Bruder, gibt es noch eine andere Art, zu antworten?*

Antw: *Ja, die Art der schottischen Brüder.*

Oberer: *So breite das Licht unserer schottischen Brüder unter uns aus.*

Wenn möglich, sollten die Fragen von dem Bruder gestellt werden, der zuvor geantwortet hat. Diese können an einen weiteren Bruder gerichtete sein, oder aber, an den Oberen, der darauf antwortet.

Der *schottische* Minerval-Katechismus, von 1930.

Frage: *Wie heißen Sie?*

Antw.: *Minerval.*

Frage: *Haben Sie ein Sinnbild?*

Antw.: *Eine Eule, die ein Buch in den Klauen hält; in diesem aufgeschlagenen Buche stehen die vier Buchstaben P. M. C. V. Die Eule schwebt mit dem Buche über den Wolken in einem Lorbeerkranz.*

Frage: *Was bedeuten die vier Buchstaben?*

Antw.: *Ein Motto: per me caeci vident. Das heißt: Durch mich sehen die Blinden, oder, durch mich werden Blinde sehend.*

Frage: *Wie haben Sie von dem Orden Kenntnis genommen?*

Antw.: *Durch einen berechtigten Bruder, der mich zum Teppich der Lehrlinge führte, und mir die Bilder neu erklärte.*

Frage: *Was wurde Ihnen über den Orden mitgeteilt?*

Antw.: *Daß der Orden in der Schottenloge verborgen sei.*

Frage: *Haben Sie dafür eine Erklärung?*

Antw.: *Der erlauchte Orden wurde von einigen Brüdern im Geheimen fortgeführt. Die Sehnsucht der Brüder,* den Orden beständig zu machen, war so groß, daß man die Schottenloge als sichtbaren Bau wählte. Sie hat so viel Ähnlichkeit, daß in ihr der ganze Orden eingebracht werden konnte.

Frage: *Wie wurden Sie aufgenommen?*

Antw.: *Indem ich meine Vorstellungen und Gesinnungen überdachte, und erkannte, daß ich mich in Dunkelheit befand.*

Frage: *Was wurde mit Ihnen vorgenommen?*

Antw.: *Meine Hand wurde auf einen Schädel, bald aber mit drei Fingern auf die Bibel gelegt; und ich leistete einen heiligen Eid, wie ihn alle Minervalen vor mir geleistet haben.*

Frage: *Was sahen Sie, als Sie sehend gemacht wurden?*

Antw.: *Eine Pyramide.*

Frage: *Was stellt sie dar?*

Antw.: *Den erlauchten Orden selbst.*

Frage: *Was bedeuten die drei Flächen?*

Antw.: *Die drei Ordensstufen vor dem Eintritt in das innere Heiligtum.*

Frage: *Was bedeutet die grüne Umrandung?*

Antw.: *Daß der erlauchte Orden in der Schottenloge fortbesteht.*

Frage: *Welchen Namen hat die Schottenloge?*

Antw.: *Zur starken Wehr im Westen.*

Frage: *Was bedeutet er?*

Antw.: *Daß die unsichtbare Legion im Anbruch der Dunkelheit das Licht verteidigt.*

Frage: *Was ist ihr Emblem?*

Antw.: *Ein schottischer Ritter, der mit Schild und gezogenem jedoch gesenktem Schwert auf einer grünen Wiese im Schatten der Linde wacht. Unser Schild ist der flammende Stern, in den die schottischen Ritter ihr Vertrauen setzen.*

Frage: *Wo befindet sich die Loge?*

Antw.: *Im Orient zu Essen a. d. Ruhr.*

(Musik.)

Schließung der Minerval-Loge

<u>Oberer:</u> *Meine Brüder! Ich gedenke die Minerval-Loge zu schließen. - Weckt im Furchtsamen Mut, im Trägen Eifer und Tätigkeit, gebt dem Unwissenden Wissen; richtet den Gefallenen auf, stärkt den Schwachen, haltet den Hitzigen zurück, kommt Uneinigkeit zuvor, oder legt sie bei; verhütet Unvorsichtigkeit und Verrat, übt Achtung gegen die Oberen, Liebe untereinander und Verträglichkeit außerhalb.*

Geht nun hin und bereitet euch auf den großen Tag des Lichts vor.

Der Obere löscht die beiden Kerzen neben der Pallas mit einem Kerzenlöscher. Dann sagt er zum Zensor:

<u>Oberer:</u> *Bruder Zensor, welche Zeit ist es?*

Zensor: *Erlauchter Oberer! Es ist tiefste Nacht und die rechte Zeit, das Licht des Ordens weiter auszubreiten!*

Oberer: *Geht nun hinaus, meine Brüder, und folgt minervens Ruf.*

Der Obere macht die zwei Schläge der Minervalen: O – O.

      (Musik.)

Darauf sammelt der Questor die Ordensabzeichen ein und gibt sie zur Verwahrung in die Truhe. Der Obere unterzeichnet das Protokoll und der Zensor löscht die übrigen Lichter.

Die Erteilung des Grades
(Introduction)

Bei der Erteilung des Grades wird das Logenzimmer von nur drei Kerzen erleuchtet. Eine weiße Kerze, auf dem Tisch des Oberen, zwei farbige Kerzen, links und rechts von dem Bild der Pallas.

Die Erteilung des Grades wird von dem Zensor vorgenommen, oder, wenn sie unter vier Augen geschieht, von dem leitenden Oberen selbst. Wenn alles vorbereitet ist, und der Kandidat mit verbundenen Augen in das Logenzimmer vor die Pyramide geführt wurde, sagt der Zensor:

<u>Zensor:</u> *Ich bringe einen Kandidaten, der in tiefster Nacht minervens Ruf vernahm und mehr Licht für seinen Geist wünscht.*

Der Obere macht die zwei Schläge der Minervalen: O – O.

<u>Oberer:</u> *Ich habe die Erlaubnis des Ordens, Sie in die Mysterien der Minervalen einzuweihen. Ist es noch immer*

Ihr ernstes Verlangen, das Licht des Illuminatenordens zu erhalten?

Kandidat: - *Antwort.*

Zensor: *Die uns bekanntgewordenen Fähigkeiten, Gesinnungen, und der Charakter des Kandi-daten machen ihn der Aufnahme würdig. Er ist würdig, an unseren Arbeiten teilzu-nehmen; ich wünsche ihm Glück dazu!*

Oberer: *Würdiger Kandidat! Ich er-mahne Sie zu genauer Befolgung all dessen, was man von Ihnen fordern wird. Ich versichere Ihnen, dass der Orden nichts lehrt, was gegen den Staat, die Religion, oder die guten Sitten sei. Sollten Sie jemals gegen die heiligen Grundsätze des Ordens verstoßen, das heißt, den Frieden unserer Bruderschaft gefährden, so* *haben Sie kein Recht mehr, sich Illuminat zu nennen und Sie werden aus dem Orden verstoßen werden. Denn unter uns ist nichts als Licht und alle Finsternis wird vertrieben.*

Haben Sie mich verstanden, und wünschen Sie weiterhin das Licht unseres Ordens zu erhalten?

Kandidat: - *Antwort.*

Zensor: *Sie wissen aus den Statuten und Unterredungen, dass der wahre und ungeschminkte Zweck des Ordens brüderliche Unterstützung, Förderung der Tugend, Besserung des Herzens und des Verstandes sind.*

Oberer: *Das ist der richtige Begriff von unserem erlauchten Orden. Die Illuminaten haben weder Macht noch Reichtum zum Ziel, noch Anschläge auf die Herrschaft der Welt oder den*

Sturz geistlicher oder weltlicher Regierungen. Sollten Sie sich also den Orden unter diesen Gesichtspunkten vorgestellt haben, so hätten Sie sich selbst betrogen; und damit Sie mit diesen täuschenden kühnen Erwartungen nicht weiter in dieses ehrwürdige Heiligtum eintreten, entlässt Sie der Orden auf der Stelle, wenn Sie es wollen. Wir vergessen alles, was gewesen ist. Sie können gehen! Sie haben nichts von dem Orden zu befürchten. Wollen Sie es hier und jetzt beenden, oder beharren Sie noch auf Ihrem Entschluss, einer von uns zu werden?

Kandidat: - *Antwort.*

Oberer: *Haben Sie alles genau überdacht und sind Sie davon überzeugt, dass der Mensch allein, ohne Glauben, ohne Beistand, ohne Güte, ohne Barmherzigkeit, ohne die Liebe zum Nächsten, nichts ist? Dass Selbstsucht ein schädliches Gift ist? Dass der Mensch auf seinem Lebensweg Unterweisung und Unterstützung benötigt? Dass der Verstand des Einzelnen begrenzt ist, die Wahrheit aber durch unterschiedliche Betrachtungen begriffen werden kann? Dass durch die Betrachtung der Wahrheiten Anderer der eigene Begriff von der Wahrheit gefördert wird?*

Kandidat: - *Antwort.*

Der Obere erhebt sich (setzt den Hut ab), macht zwei Schläge und spricht zum Kandidaten:

Oberer: *Ich, (Ordensname), von dem erlauchten Orden Bevollmächtigter, verspreche Ihnen im Namen unserer erlauchten Oberen, im Namen aller Mitglieder des ganzen Ordens Schutz, Gerechtigkeit und Beistand: Dagegen steht der Orden nie für selbstverschuldetes Unglück, oder das Pochen auf die Macht und den Beistand des Ordens. Ferner versichere ich nochmals, dass Sie nichts gegen die Religion, den Staat oder die guten Sitten bei uns vorfinden werden.*

- nach einer kurzen Pause:

Bleiben Sie noch bei Ihrem Entschluss, in die Mysterien der Minerval-Klasse eingeweiht zu werden, dann legen Sie jetzt den Ihnen bereits bekannten Eid ab.

(Vor dem Kandidaten werden die aufgeschlagene Bibel und der Schwurschädel ausgebreitet.)

Dem Kandidaten wird dabei geholfen, niederzuknien. Die rechte Hand wird auf den Totenschädel gelegt, worauf der Zensor sagt:

Zensor: *Vor Ihnen befinden sich die Bibel und ein menschlicher Schädel. Die Bibel ist uns als Glaubensbuch heilig. In Ihr sind die moralischen Grundsätze unseres erlauchten Ordens verankert. Kein Gottloser wird je das wahre Licht unseres Ordens erkennen können.*

Oberer: *Stimmen Sie damit überein?*

Kandidat: - *Antwort.*

Zensor: *Der menschliche Schädel soll Sie an die Schande und Vorwürfe Ihres Herzens erinnern, sollten Sie jemals zum Verräter oder meineidig werden.*

Der Zensor legt die rechte Hand des Kandidaten auf den Schädel.

Darauf sagt der **Obere:** *Die Eidesformel ist Ihnen bereits bekannt. Ich lese sie stückweise vor. Sprechen Sie mir nach!*

Gelöbnis

Ich (Ordensname) bekenne hier vor Gott dem Allmächtigen und vor Ihnen, als Bevollmächtigten des erlauchten Ordens in welchen ich wünsche aufgenommen zu werden, dass ich meine Unvollkommenheit erkenne, dass ich mit allen Vorteilen von Stellung, Ehre, Titeln und weltlichem Besitz, welche ich in der profanen Gesellschaft haben könnte, doch immer nur ein Mensch wie andere bleibe; dass ich dies alles, so wie ich es durch meine Mitmenschen erhalten habe, auch eben so wieder durch sie verlieren kann, dass mir also die Gunst und die Achtung meiner Mitmenschen unentbehrlich ist, und dass ich solche bestrebt bin mir zu ver-

dienen. Nie will ich mein jetziges oder künftiges Ansehen und erlangten Einfluss zum Nachteil meiner Mitmenschen, sondern allein zur Förderung des Guten anwenden und mit allen meinen Kräften dem Bösen widerstehen.

Ich verspreche und gelobe ferner, dass ich alle sich mir bietenden Gelegenheiten, der Menschheit zum Guten zu dienen, voller Eifer ergreifen, meine Kenntnisse und charakterlichen Eigenschaften verbessern, und meine nützlichen Einsichten zum Besten aller Menschen gebrauchen werde, insofern es im Einklang mit dem Wohl und den Statuten des Ordens ist.

Ich gelobe auch ewiges Stillschweigen in unverbrüchlicher Treue und Achtung gegenüber allen Oberen und den Satzungen des Ordens. In Sachen des Ordens werde ich nichts äußern oder tun, was gegen die mir zur Kenntnis gebrachte Form und Ordnung des Ordens, in allen seinen Graden und Mysterien, steht. Auch werde ich nicht weniger als meinen ganzen Eifer aufwenden, um das Licht des Ordens zum Wohl der Menschheit auszubreiten.

Ich verpflichte mich, das Wohl des Orden als mein eigenes Wohl anzusehen und bin bereit, dieses, so lange ich Mitglied desselben bin, mit meiner Kraft, meiner Ehre und allen mir zur Verfügung stehenden Möglichkeiten zu fördern. Sollte ich jemals aus Unvorsichtigkeit, Leidenschaft oder gar aus Bosheit gegen die Statuten und das Wohl des erlauchten Ordens handeln, so werde ich alle mir auferlegten Konsequenzen tragen.

Ich verspreche weiter, dass ich in den Angelegenheiten des Ordens nach bestem Wissen und Gewissen ohne jegliches eigennütziges Verlangen raten und handeln, wie auch alle Freunde dieser Gesellschaft als meine eigenen betrachten und mich mit ihren Gegnern nicht verbünden werde. Gegen letztere werde ich vorsichtig in meinem Betragen sein und nichts tun oder sagen, was ihnen zum Nutzen dienen könnte. Nicht weniger bin ich bereit auf alle Art und Weise bedacht, diese Gesellschaft zu vergrößern und ihre Freunde zu vermehren, und meine Kräfte nach Möglichkeit hierfür zu verwenden.

- Der Zensor legt die Hand des Kandidaten mit drei ausgestreckten Fingern auf die Bibel.

Endlich versichere ich, ohne verborgene Absichten und Vorbehalte, dies alles zu geloben und mit den Worten zu bekräftigen: So wahr mir Gott helfe!

Darauf wird dem Kandidaten die Augenbinde abgenommen.

Der Sekretär gibt dem neuen Ordensbruder das Gelöbnis zur Unterschrift. Wenn dies geschehen ist, nimmt der Kandidat vor der Pyramide seinen Platz ein und er wird in den Mysterien des Grades unterwiesen.

Unterweisung

Nachdem der neue Minerval das Gelöbnis unterzeichnet hat, spricht der Obere:

Oberer: *Mein Bruder! Ich begrüße Dich in der Ordensklasse der Minervalen, den Schülern der Weisheit.*

Unser Orden legt größte Sorgfalt darauf, dass die Gradinhaber geduldig an ihren Fortschritten arbeiten. Die Teilnahme an den Werken unseres erlauchten Ordens ist, wie Du ja weißt, geheim. Deshalb wirst Du auch jetzt noch nicht mit allen Genossen unseres Ordens bekannt werden, sondern nur mit denen, die zu deiner Klasse gehören und unter demselben Oberen in Versammlungen zusammenkommen.

Nach alter Tradition mache ich Dich jetzt mit den Erkennungszeichen Deiner Klasse bekannt.

୨ ♦ ୧

Das Ordenszeichen.

An diesem Band hängt das allgemeine Ordenszeichen. Du findest es auch auf dem Banner neben dem Platz des Oberen abgebildet. Bereits in ältesten Zeiten wurde den Mitgliedern dieser Klasse ein grünes Band mit dem Zeichen der Minerva umgehängt. Es soll Dich Bescheidenheit lehren und vor Hochmut warnen. Denn jede Größe, Ansehen, Titel oder Ehrenzeichen sind wertlos, wenn nicht Tugend und Wissenschaft sie begründen. Alle äußerlichen Zeichen, die keinen inneren Wert für die Seele haben, sind für den aufgeklärten Geist eitles Blendwerk.

Die Eule der Minerva ist ein Sinnbild der Weisheit. Sie hält in ihren Klauen ein aufgeschlagenes Buch, in dem die vier Buchstaben P. M. C. V. geschrieben stehen. Sie bedeuten das Motto: per me caeci vident. Das heißt: Durch mich sehen die Blinden, oder, durch mich werden Blinde sehend. Denn alles Wissen sollte aus Weisheit hervorgehen. In dem aufgeschlagenen Buch erkennen die Illuminaten die Bibel, oder ein anderes Glaubensbuch, oder eine philosophische Schrift, die uns Anleitung gibt, bessere Menschen zu werden und Glückseeligkeit zu erlangen.

Die Pyramide ist ein Sinnbild für die Beständigkeit des Ordens. Die alten Baumeister schufen einst dieses Bauwerk der Vollendung. Ehrfurchtsvoll betrachten wir ihre Kraft und Besonnenheit. Nichts vermag sie zu zerstören. Wenn sie auch von Sand bedeckt unter der Oberfläche begraben wäre, bliebe sie dennoch bestehen, bereit, wieder freigelegt zu werden und ihr Geheimnis dem Würdigen zu offenbaren. Die Pyramide hat so viel Ähnlichkeit mit unserem Orden, dass sie ihn selbst darstellt. Die weiteren Bilder werden beim Fortschreiten im Orden verständlich werden.

Das Kennzeichen.

Das Kennzeichen der Minervalen heißt Blendzeichen. Es wird gemacht, indem man die rechte Hand flach über die Augen hält, als würde man sich vor einem blendenden Licht schützen. Denn das Licht der Weisheit wird nur durch gehörige Vorbereitung empfangen. Wer nicht lernt, sich vor Irrungen zu schützen, der wird geblendet und kann im Licht nichts erkennen.

Der Griff und die Losung.

Die Minervalen haben einen Griff, mit dem sie sich zu erkennen geben. Er kommt nur bei den Versammlungen zum Einsatz, wenn ein Ordens-

bruder die Tür öffnet und die Hand reicht. Darauf wird die Hand ergriffen und mit dem kleinen Finger dreimal leicht darauf geklopft. <u>Die Parole</u> wird nach einem bestimmten Schlüssel gewechselt, worüber Du noch belehrt werden wirst.

Erklärung der Bilder.
(Kurzform)

Die Schüler der Weisheit treten bei ihren Versammlungen vor die Pyramide. In der Pyramide sehen wir ein Sinnbild der Beständigkeit. Sie ist der Maßstab unseres Handelns. Die Buchstaben bedeuten das Motto: deus proxima. Durch das Bestreben, das göttliche Wirken zu ergründen, begannen die alten Philosophen den Menschen, die Natur und das Uni-

versum zu erforschen. Sie suchten Gotteserkenntnis in seiner eigenen Schöpfung.

Die aus diesem Suchen nach Gott entstandenen Wissenschaften waren einst ein Zeugnis der Ehrfurcht vor Gott.

Die Dir als Weisheit, Schönheit und Stärke bekannten Säulen heißen in der Minerval-Loge Künste, Literatur und Politik. Ihre Lichter, der Mond, verkörpert die Moral, die Sonne, die Vernunft und der Meister die Selbstbestimmung des Menschen.

Die beiden eingefärbten Lichter stellen auf der linken, dem Verstand zugeordneten Seite, die Naturwissenschaften, und auf der rechten, der Intuition zugeordneten Seite, die Geisteswissen-schaften dar. Ihr Licht beleuchtet das Bild der vogelgestaltigen Pallas, die das abgeschlagene Haupt der Medusa niedertritt.

Die Illuminaten sehen darin den Sieg über die Tyrannei der Finsternis durch Unwissenheit, Vorurteile und Fanatismus, der durch die Kräfte der Weisheit errungen wird. Als Schüler der Weisheit ist es Ihre Aufgabe, sich auf diesen Kampf gegen die Finsternis vorzubereiten. Als Johannis-Lehrling haben sie die unbequeme Wahrheit Ihrer eigenen Unvollkommenheit vernom-men. Doch Ihnen wurde auch Hoffnung gemacht. Denn Sie haben die nötigen Werkzeuge an die Hand bekommen und Sie wurden in dem rechten Gebrauch unterwiesen, um die Ecken der Unvollkommenheit abzuschlagen.

Hüten Sie sich davor, den Mächten der Finsternis unvorbereitet gegenüberzutreten. Lernen Sie die Werkzeuge zu beherrschen und mit Weisheit zu gebrauchen.

Die Lehrlings-Gesellen-Loge

Sobald die Minerval-Versammlung geöffnet ist, macht der Kanzler drei starke Schläge, erhebt sich und spricht:

Kanzler: *Erlauchter Oberer, die versammelten Brüder sind bereit das Licht der überkommenen Mysterien des Rektifizierten Schottischen Ritus im Grad nach Art und Brauch der Illuminaten zu empfangen.*

(**Musik** - Der Zensor entzündet währenddessen die drei kleinen Lichter auf den Säulen.)

Der erlauchte Obere erhebt sich und macht einen Schlag: O

Oberer: *In Ordnung, meine Brüder! Das Lehrlingszeichen!*

<u>Alle</u> machen darauf das Lehrlingszeichen – und vollenden es.

Oberer: *Das Gesellenzeichen!*

<u>Alle</u> machen darauf das Gesellenzeichen – und vollenden es.

Oberer: *Bruder Kanzler, sage mir, was ist die erste Pflicht des zweiten Aufsehers in der Loge?*

Kanzler: *Nachzusehen, ob die Loge gedeckt ist, die Ungeweihten entfernt sind und alles seine Richtigkeit hat.*

Oberer: *Erfüllen Sie diese Pflicht!*

Der Kanzler nimmt seinen Degen, hält ihn vor sich und sagt:

Kanzler: *Erlauchter Oberer! Nach altem Brauch zieht der zweite Aufseher seinen Degen, sieht nach, ob alle Eingänge verschlossen sind und stellt die inneren und äußeren Wachen an ihre Plätze.*

Oberer: *Bruder Kanzler, was antwortet der zweite Aufseher, wenn die Loge gedeckt ist, die Ungeweihten entfernt sind und alles seine Richtigkeit hat?*

Kanzler: *Sehr ehrwürdiger Meister, die Ungeweihten sind entfernt, die Loge ist gedeckt und alles ist in Ordnung.*

Daraufhin legt der Kanzler seinen Degen nieder.

Oberer: *Mein Bruder, wie heißt Du?*

Kanzler: *Tubalkain.*

Oberer: *Bist Du ein Freimaurer?*

Kanzler: *Meine Brüder und Gesellen erkennen mich als solchen an.*

Oberer: *Wo bist Du aufgenommen worden?*

Kanzler: *In einer gerechten und vollkommenen Loge.*

Oberer: *Was ist eine gerechte und vollkommene Loge?*

Kanzler: *Drei gründen sie, fünf richten sie ein, sieben machen sie gerecht und vollkommen.*

Oberer: *Was ist das Ziel eines Freimaurers?*

Kanzler: *Der Tugend einen Tempel zu bauen.*

Oberer: *Welche Zeit ist es?*

Kanzler: *Es ist Mittag.*

Oberer: *Ist es die rechte Zeit, um die Loge zu eröffnen?*

Kanzler: *Ja, erlauchter Oberer.*

Oberer: *Da es also die rechte Zeit ist, und da uns ein so erhabenes Ziel zusammenführt, unterrichten Sie die Brüder davon, dass ich gewillt bin die Loge zu eröffnen.*

Kanzler: *Meiner Brüder! Ich unterrichte euch davon, dass der erlauchte Obere gewillt ist, die Loge zu öffnen.*

Oberer: *In Ordnung, meine Brüder!*

(Alle ziehen ihren Degen und halten ihn mit der linken Hand, wobei sie die Spitze gegen den Boden richten und machen mit der rechten Hand das Lehrlingszeichen. Der Obere drückt den Knauf seines Degens auf den Tisch, nimmt mit der rechten Hand den Hammer und spricht:)

Oberer: *Ich eröffne diese Loge nach überkommener Art und Brauchtum der Illuminaten*

> *im Namen des großen Baumeisters des Universums,*
>
> *im Namen der Oberen des Erlauchten Ordens der Illuminaten,*
>
> *im Namen dieser ehrwürdigen Versammlung.*

Der Obere macht daraufhin drei Schläge: OO-O.

Der Kanzler wiederholt die Schläge und spricht:

Kanzler: *Meine Brüder, die Lehrlings-Gesellen-Loge im rektifizierten System der schottischen Maurerei ist eröffnet.*

Der Obere legt seinen Degen auf den Tisch, worauf alle ihre Degen wieder einstecken und sich setzen.

Oberer: *Der Sinn unserer heutigen Versammlung ist es, die überkommenen Mysterien, zu deren Bewahrung und Pflege sich unser Orden verpflichtet hat, lebendig zu halten.*

(Musik.)

❧ ◆ ☙

Der Arbeitsteppich

Oberer: *Bruder Zensor! Decke den Teppich der Lehrlings-Gesellen-Loge auf.*

Der Zensor hebt das Tuch mit der Pyramide ab, mit dem die Lehrtafel bedeckt ist, und geht an seinen Platz zurück.

ରୁ ◆ ଽ

Fragen an den Zensor.

1. Frage: *Wie heißen Sie?*
Antw.: *Minerval.*

2. Frage: *Haben Sie ein Sinnbild?*
Antw.: *Eine Eule, die ein Buch in den Klauen hält; in diesem aufgeschlagenen Buche stehen die vier Buchstaben P. M. C. V.*

(Die 3. Frage entfällt.)

4. Frage: *Wie haben Sie von dem Orden Kenntnis genommen?*
Antw.: *Durch einen berechtigten Bruder, der mich zum Teppich der Lehrlinge führte, und mir die Bilder neu erklärte.*

5. Frage: *Was wurde Ihnen über den Orden mitgeteilt?*

Antw.: *Dass der Orden in der Schottenloge verborgen sei.*

6. Frage: *Haben Sie dafür eine Erklärung?*

Antw.: *Der erlauchte Orden wurde von einigen Brüdern im Geheimen fortgeführt. Die Sehnsucht der Brüder, den Orden beständig zu machen, war so groß, dass man die Schottenloge als sichtbaren Bau wählte. Sie hat so viel Ähnlichkeit, dass in ihr der ganze Orden eingebracht werden konnte.*

7. Frage: *Wie deuten Sie die Bilder der Loge?*

Antw.: *Neben ihrer gewöhnlichen Bedeutung, lehrt der Orden, dass in ihnen noch mehr verborgen ist:*

Die neun Sterne deuten auf die neun herkömmlichen Ordensstufen der Illuminaten hin, die das Ordenskapi-

tel der schottischen Ritter noch heute bewahrt. Diese Sterne sind zu einem Andreaskreuz angeordnet, dem Sinnbild der schottischen Ritter. Ihnen wurde es als dirigierende Illuminaten zur Aufgabe gemacht, das Licht des erlauchten Ordens zu bewachen und an würdige Brüder weiterzugeben.

8. Frage: *Wie deuten Sie die sieben Stufen?*

Antw.: *Bevor ein Illuminat in das Ordenskapitel der schottischen Ritter eintreten durfte, musste er die vier unteren Ordensstufen, nämlich Novize, Minerval, Illuminatus minor und Illuminatus major erstiegen haben und in die drei Grade der Johannis-Freimaurerei, Lehrling, Geselle und Meister, eingeweiht worden sein. Das macht insgesamt* sieben Stufen, die zum Ordenskapitel führen.

9. Frage: *Wie deuten Sie die Sonne?*
Antw.: *Als Sinnbild des erlauchten Ordens selbst, der nichts anderes will, als den moralischen Charakter der Menschen zu bessern, Kenntnisse zu vermitteln und den Geist zu erheben.*

10. Frage: *Wie deuten Sie den Mond?*
Antw.: *Er leuchtet den größeren Illuminaten oder schottischen Novizen.*

11. Frage: *Was ist die herkömmliche Bedeutung?*
Antw.: *Das Bild, dass wir hier sehen, zeigt jenen Tempel, den einst König Salomon in Jerusalem zum Ruhme des Großen Baumeisters aller Welten erbauen ließ. Er stellt den Grundriss der Freimaurerei dar und ist Ge-*

genstand tiefer Meditation aller Maurer. Ein Maurer kann sich nicht genug damit beschäftigen, die Bedeutung der Sinnbilder zu studieren, die er enthält.

Das Bild ist in zwei Abschnitte unterteilt. Der untere Abschnitt stellt den Vorhof dar, und der obere, den eigentlichen Tempel.

Der Lehrling tritt in den Vorhof ein und versucht sich in der Arbeit am rohen Stein. Dieser ist das Sinnbild für den Menschen in dem Zustand der Unwissenheit. Man muss von dem Stein alles Grobe abhauen, um aus ihm etwas zu machen. Das ist eine mühsame Arbeit. Die beiden anderen Sinnbilder, die sich im Vorhof befinden, sollen beizeiten erklärt werden.

Hinter dem Vorhof tritt der Lehrling vor die Eingangstür des Tempels und ersteigt die ersten drei Stufen. Aber seine Zeit ist noch nicht gekommen. Dem Lehrling ist die Tür (zum Inneren des Tempels) noch verschlossen. Er muss wieder hinunter, worauf er vom Ehrwürdigen Meister darin belehrt wird, sich nicht von den Hindernissen entmutigen zu lassen. Während dieses ersten Versuches hat der Lehrling das Alter von drei Jahren erworben, die erste geheimnisvolle Zahl unseres Ordens.

Zu den beiden Seiten der Eingangstür befinden sich zwei große Säulen. Die Säule im Norden ist mit dem Buchstaben J gekennzeichnet. Das ist der erste Buchstabe des Wortes des Lehrlings-Grades. An diese Säule stellen sich die Lehrlinge, um ihren Lohn zu erhalten. Aus demselben Grund arbeiten die Lehrlinge in der Loge im Norden.

Im Inneren des Tempels finden wir noch weitere Sinnbilder und Verzierungen, die am Schluss der Loge erklärt werden.

Fragen an den Kanzler.

12. Frage: Bruder Kanzler, was lernen die Gesellen?
Antw.: Die Gesellen haben die fünf ersten Stufen erstiegen. Wenn doch auch ihnen noch der Eintritt verweigert wurde, so haben sie sich ihm nichtsdestoweniger weiter genähert.

Als Lehrling haben Sie am rohen Stein gearbeitet. Er war noch so, wie man ihn aus dem Schoße der Erde gewonnen hatte. Dieser Stein ist das Sinnbild für den Menschen im Augenblick seiner Geburt. Er ist von Kindheit an ungeformt und liegt versunken in der Dunkelheit der Unkenntnis und zwar solange, bis eine wohltätige Hand, die seine Erziehung überwacht, kommt und ihm dabei behilflich ist, den kostbaren Keim, der in seiner Seele verschlossen liegt, zu entwickeln und ihm hilft, sich von Fehlern und von Neigungen zu befreien, die seinen Fortschritt aufhalten würden.

Dieser Stein ist auch ein Zeichen dieser Welt, in der wir wohnen, und die wir zu erkennen suchen. Am Anfang bestand sie nur aus einem unförmigen Chaos, und zwar bis zu dem Augenblick, in dem der große Baumeister des Universums durch seinen höchsten Willen dort das Licht ausbreitete, indem er ihr Leben und Entwicklung gab.

Den Gesellen wird zugestanden, den geglätteten Stein zu bearbeiten. Er ist das Zeichen für den Menschen, der beginnt sich kennenzulernen und der mit Erfolg unter der Anleitung seiner Meister arbeitet, um die Vollkommenheit zu erlangen, für die sein Wesen empfänglich ist.

Die Führer, die den Lehrlingen und Gesellen eine Loge gibt, um sie zum rohen und geglätteten Stein zu führen, stellen die wohltätige Hand dar, die ihre Erziehung überwacht und deren Erfolge lenkt. Ihr sollen des-

wegen keine unnötigen Sorgen gemacht werden. Es sollen daher so oft das Winkelmaß, die Winkelwaage und das Lot benutzt werden, um die Unebenheiten des rohen Steins völlig zu verschwinden zu lassen.

Die Brüder sollen im Gesellen nur noch einen geglätteten Stein stehen, der würdig ist, in das Bauwerk des Tempels einzutreten, an dem die Freimaurer gemeinsam arbeiten.

Obwohl es den Gesellen noch nicht erlaubt ist, das Innere des Tempels zu betreten, sehen sie trotzdem in der Mitte den flammenden Stern leuchten. Er übertrifft alle anderen in Größe und Schein. In der Mitte dieses Sterns sehen wir auch einen Buchstaben. Er ist in dem Grad des Gesellen ein Zeichen für die Wissen-

schaften, die dabei helfen können, eines Tages seinen geheimnisvollen Sinn zu entdecken.

Oberer: *Möge jeder für sich, durch eigene Arbeit, den Sinn unserer Geheimnisse durchdringen. Hüte sich ein jeder vor zudringlicher Neugier, die zu Irrungen führen könnte. Überdenken Sie die Ratschläge und Maximen, die Sie heute vernommen haben. Vernachlässigen Sie keinesfalls jene Hilfen, die Ihnen angeboten werden, um mit sicherem Schritt den Weg zu beschreiten, den Sie als Lehrling begonnen haben, und befragen Sie diejenigen, die mit Ihrer Einführung beauftragt sind. Ich habe keinen Zweifel daran, dass Sie eines Tages den Moment segnen werden, an dem Ihre Augen das Licht er-*

halten haben, wenn Sie diesem Weg folgen.

(Musik.)

❧ ◆ ☙

Katechismus der Lehrlinge (Kurzform):

<u>Oberer:</u> *Bruder Kanzler!*

7. Frage: *Wo sind Sie aufgenommen worden?*
Antw.: *In einer gerechten und vollkommenen Loge, in der Eintracht, Friede und Ruhe herrschen.*

8. Frage: *Was verstehen Sie unter einer gerechten und vollkommenen Loge?*
Antw.: *Drei gründen sie, fünf richten sie ein, sieben machen sie gerecht und vollkommen.*

9. Frage: *Wie wurden Sie in die Loge aufgenommen?*
Antw.: *Durch drei starke Schläge.*

10. Frage: *Was bedeuten sie?*
Antw.: *Drei Sprüche aus der Heiligen Schrift: Suchet, so werdet ihr finden. Bittet, so wird euch gegeben. Klopfet an, so wird euch aufgetan.*

11. Frage: *Wie waren Sie gekleidet, als Sie in die Loge eingetreten sind?*
Antw.: *Ich war weder nackt noch bekleidet und alle Orden und Ehrenzeichen wurden mir abgenommen.*

12. Frage: *Was nahmen Sie beim Eintritt in die Loge wahr?*
Antw.: *Zuerst nichts, denn ich war des Lichtes beraubt. Dann sah ich drei helle Lichter, die die Sonne, den Mond und die Sterne darstellen.*

13. Frage: *Was stellt die Sonne dar?*
Antw.: *Sie stellt den Ehrwürdigen Meister dar, der die Loge regiert und erleuchtet, so wie die Sonne die Welt regiert und erleuchtet.*

14. Frage: *Was stellt der Mond dar?*
Antw.: *Er stellt die Aufseher dar. Gleich wie der Mond, der das Licht der Sonne empfängt und es wieder reflektiert, um uns in der Nacht zu leuchten, so erhalten auch die Aufseher ihr Licht vom Ehrwürdigen Meister und reflektieren es auf die Loge.*

15. Frage: *Was stellen die Sterne dar?*
Antw.: *Sie stellen die Meister dar. Gleich wie die Sterne, den Reisenden in der Nacht als Führer dienen, so führen auch die Meister die Brüder*

auf den dunklen und geheimnisvollen Pfaden der Freimaurerei.

16. Frage: *Was stellt die Loge dar?*
Antw.: *Den Tempel Salomons, den die Freimaurer im Geheimen wiedererrichtet haben.*

17. Frage: *Welche Form hat Ihre Loge?*
Antw.: *Sie hat die Form eines Rechtecks, das durch das Bild in der Mitte dargestellt wird.*

18. Frage: *Was ist ihre Länge?*
Antw.: *Vom Orient zum Occident.*

19. Frage: *Was ist ihre Breite?*
Antw.: *Vom Süden bis zum Norden.*

20. Frage: *Wie tief ist sie?*
Antw.: *Von der Oberfläche der Erde bis zum Mittelpunkt.*

21. Frage: *Wie hoch ist sie?*
Antw.: *Unzählige Ellen.*

22. Frage: *Was wollen Sie damit sagen?*
Antw.: *Dass alle Maurer, die auf der Oberfläche der Erde verstreut sind, zusammen ein und dieselbe Loge bilden.*

(Frage 23. Entfällt.)

24. Frage: *Was sind die Werkzeuge der Loge?*
Antw.: *Es gibt drei davon. Mobiliar, Juwelen und Zierrat.*

25. Frage: *Woraus besteht das Mobiliar?*
Antw.: *Aus Bibel, Hammer und Zirkel.*

26. Frage: *Was sind die Juwelen?*
Antw.: *Das Winkelmaß, die Bleiwaage und das Lot.*

27. Frage: *Was ist der Zierrat?*
Antw.: *Der flammende Stern, das mo-*

saische Pflaster und die Schnur mit den gezackten Quasten.

28. Frage: *Wozu dient das Mobiliar?*
Antw.: *Die Bibel dient den Lehrlingen, um das Gesetz zu studieren, mit dem Hammer verrichten die Gesellen ihre Arbeit und den Zirkel brauchen die Meister, um damit Zeichnungen für die Gesellen und die Lehrlinge anzufertigen.*

29. Frage: *Wem werden die Juwelen der Loge zugeordnet?*
Antw.: *Das Winkelmaß dem Ehrwürdigen Meister, die Winkelwaage dem ersten Aufseher und das Senklot dem zweiten Aufseher.*

30. Frage: *Was stellt das dem Ehrwürdigen Meister zugeordnete Winkelmaß dar?*
Antw.: *Es ist das Zeichen für die Voll-*

kommenheit einer Loge, deren gesamte Pläne der Ehrwürdige Meister leiten soll.

31. Frage: *Was stellt die Winkelwaage dar?*

Antw.: *Sie ist das Zeichen für die Ordnung. Sie ist dem Bruder ersten Aufseher zugeordnet. Er beaufsichtigt die Arbeit der Brüder, die sie bei der Erbauung des Tempels der Tugend verrichten.*

32. Frage: *Was bedeutet das Senklot?*

Antw.: *Es ist das Zeichen der Güte der maurerischen Werke. Es wird dem Bruder zweiten Aufseher gegeben, der darüber wachen soll, dass alle Brüder treu die Gesetze und Regeln des Ordens beachten.*

33. Frage: *Wozu braucht man den Zierrat?*

Antw.: *Der flammende Stern leitet die Meister in ihren Plänen. Das mosaische Pflaster schmückt die Schwelle der Eingangstür und steht in Beziehung zu den Gesellen. Die Schnur mit den gezackten Quasten ist das Zeichen für die Eintracht, die ohne Unterschied zwischen den Brüdern aller Klassen herrscht.*

(Fragen 34 bis 37 entfallen.)

38. Frage: *Wie reisen die Lehrlinge?*
Antw.: *Vom Osten über den Norden zum Westen, um das Licht zu suchen.*

39. Frage: *Wo haben Sie als Lehrling gearbeitet?*
Antw.: *Im Vorhof, am rohen Stein.*

40. Frage: *Wo wurden Sie als Lehrling entlohnt?*

Antw.: *An der Säule J, die das Wort dieses Grades ist.*

41. Frage: *Wie heißen Sie als Lehrling?*
Antw.: *Tubalcain.*

(Fragen 42 und 43 entfallen.)

44. Frage: *Welches ist das Sinnbild des Lehrlings?*
Antw.: *Eine oben gebrochene Säule mit fester Basis. Sie trägt die Inschrift: Adhuc Stat. Sie steht immernoch aufrecht.*

45. Frage: *Wie soll ein Freimaurer sich von anderen Menschen unterscheiden?*
Antw.: *Durch eine emsige und vorbildliche Wohltätigkeit, durch eine vornehme und erhabene Art zu denken, durch anständiges Benehm-*

en und durch eine tadellose Lebensführung.

༄ ♦ ༅

Katechismus der Gesellen (Kurzform):

<u>Oberer:</u> *Bruder Zensor!*

1. Frage: *Sind Sie Geselle?*
Antw.: *Ja, ich bin es.*

2. Frage: *Woran erkenne ich es?*
Antw.: *An meinen neueren Zeichen, Griffen und Worten.*

(Fragen 3 bis 8 entfallen.)

9. Frage: *Welche Arbeit haben Sie verrichtet, um als Geselle aufgenommen zu werden?*
Antw.: *Ich habe den rohen Stein geglättet.*

(Frage 10 entfällt.)

11. Frage: *Was bedeutet der kubische, geglättete Stein?*
Antw.: *Die Allgemeinheit des Ordens und die freimaurerischen Tugenden.*

12. Frage: *Was bedeuten die vier Ecken des geglätteten Steins?*
Antw.: *Die vier Teile der Welt, in denen unser Orden verbreitet ist.*

13. Frage: *Wie heißen Sie?*
Antw.: *Giblim. Das ist das Wort des Gesellen.*

14. Frage: *Was bedeutet dieses Wort?*
Antw.: *Steinmetz.*

15. Frage: *Wie alt sind Sie?*
Antw.: *Fünf vergangene Jahre.*

16. Frage: *Was sind die symbolischen Werkzeuge eines Freimaurers?*
Antw.: *Der Zirkel, das Winkelmaß, die Winkelwaage und das Lot.*

17. Frage: *Was bedeuten sie?*
Antw.: *Die Rechtschaffenheit unseres Herzens, die Waagerechte unseres Glaubens, die Reinheit unserer Taten und die Ehrfurcht, die wir dem Großen Baumeister des Universums schulden.*

18. Frage: *Welches ist das Sinnbild des Gesellen?*
Antw.: *Ein kubischer Stein, auf den ein Winkelmaß gelegt wird. Es trägt die Inschrift „Dirigit obliqua" und gleicht die Unebenheiten aus.*

(Musik.)

Schließung.

Oberer: *Bruder Zensor, welche Zeit ist es?*

Zensor: *Es ist Mitternacht.*

Oberer: *Bruder Kanzler, ist die Zeit geeignet um die Loge zu schließen?*

Kanzler: *Erlauchter Oberer, es ist an der Zeit.*

Oberer: *In Ordnung, meine Brüder!*

Darauf ziehen alle Brüder ihre Degen mit der linken Hand und richten dabei die Spitze gegen den Boden. Mit der rechten Hand machen sie das Gesellenzeichen und bleiben darin stehen.

Der Obere hält das Schwert in der linken Hand und sagt:

Oberer: *Da die Zeit geeignet ist, und da unsere Arbeiten beendet sind,* *schließe ich diese schottische Lehrlings-Gesellen-Loge,*

> *im Namen des großen Baumeisters aller Welten;*
> *im Namen der Oberen unseres erlauchten Ordens;*
> *im Namen dieser ehrwürdigen Versammlung.*

<u>Der Obere</u> macht mit dem Hammer den dreifachen Gesellenschlag: O – O O.

<u>Der Kanzler</u> wiederholt daraufhin die Schläge mit dem Knauf.

<u>Der Zensor</u> tut das Gleiche mit seinem Stab.

<u>Oberer:</u> *Meine Brüder, die schottische Lehrlings-Gesellen-Loge ist geschlossen.*

<u>Kanzler:</u> *Meine Brüder, die schottische Lehrlings-Gesellen-Loge ist geschlossen.*

Zensor: *Meine Brüder, die schottische Lehrlings-Gesellen-Loge ist geschlossen.*

Der Obere legt das Schwert nieder.

Oberer: *Nehmt Platz, meine Brüder.*

Alle stecken ihre Degen ein und nehmen Platz.

Der Zensor deckt daraufhin den Arbeitsteppich mit der Pyramide. Die drei kleinen Lichter werden erst am Schluss der Minerval-Versammlung gelöscht.

Der Obere beendet die Minerval-Versammlung.